LE FRÈRE JEAN

ET

L'HOSPICE DE GALAN

PAR

A. DE THÉZAN

AVEC LETTRE D'ENCOURAGEMENT DE Mgr JOURDAN

ÉVÊQUE DE TARBES

Se vend 50 centimes au profit de l'Hospice

AUCH

IMPRIMERIE AUSCITAINE, A. THÉRIAULT

LE FRÈRE JEAN

ET

L'HOSPICE DE GALAN

AVIS IMPORTANT

Les personnes qui voudront envoyer un secours sont priées de l'adresser au **Frère JEAN, supérieur de l'Hospice de Galan (Hautes-Pyrénées).**

La plus petite offrande, ne fût-ce que **vingt-cinq centimes,** sera reçue avec reconnaissance.

Les tableaux suivants indiquent le jour et l'intention des prières exceptionnelles faites par la Communauté.

Pendant les six mois ci-bas mentionnés, les messes, aux jours qui y sont fixés, seront célébrées à l'intention des bienfaiteurs de l'Hospice de Galan. Les religieux, les religieuses et les pauvres de l'Hospice feront ces mêmes jours la sainte Communion aux mêmes intentions.

DÉCEMBRE	JANVIER	FÉVRIER	MARS	AVRIL	MAI
8 Décembre Immaculée-Conception.	1er Janvier Circoncision.	2 Février Purification.	19 Mars S. Joseph.	4 Avril S. Isidore.	3 Mai Invention de la Sainte-Croix.
22 Décembre S. Vincent de Paul.	6 Janvier Epiphanie.	25 Février S. Mathieu.	25 Mars Annonciation de la Ste-Vierge.	25 Avril S. Marc.	27 Mai Ste Marie-Magdelaine.

Les jours fixés dans les six mois de juin, juillet, août, septembre, octobre et novembre, les messes seront célébrées pour le soulagement des âmes du Purgatoire. Les religieux, les religieuses et les pauvres de l'Hospice feront les mêmes jours la sainte Communion à cette intention.

JUIN	JUILLET	AOUT	SEPTEMBRE	OCTOBRE	NOVEMBRE
24 Juin S. Jean-Baptiste.	2 Juillet Visitation.	15 Août Assomption.	8 Septembre Nativité de la Ste-Vierge.	16 Octobre S. Bertrand.	1er Novembre Toussaint.
29 Juin S. Pierre, S. Paul.	26 Juillet Ste Anne.	28 Août S. Augustin.	29 Septembre S. Michel.	26 Octobre Ste Thérèse.	21 Novembre Présentation de la Ste-Vierge.

A MGR L'ÉVÊQUE DE TARBES

MONSEIGNEUR,

C'est avec joie que je publierai les douces impressions que m'ont procurées quelques heures passées dans votre Hospice de Galan, auprès de son vénérable fondateur, connu dans le monde sous le nom de Frère Jean. Je ne le ferai cependant qu'après en avoir obtenu l'autorisation; que Votre Grandeur me permette de la solliciter : elle donnera à cette modeste Notice un premier caractère de force et de vie, et si votre paternelle bonté daigne encore la bénir, oh! alors je ne doute pas qu'elle ne fasse utilement son chemin.

Agréez, Monseigneur, l'hommage de ces pages inspirées par mon admiration pour une œuvre éminemment catholique et sociale qui grandira sous la foi ardente et le patriotisme éprouvé de Votre Grandeur.

J'ai l'honneur d'être, avec le plus profond respect, votre très-humble et très-dévoué serviteur.

A. DE THÉZAN.

L'HOSPICE DE GALAN

I

Comment l'honneur de dénoncer au monde catholique une grande œuvre de charité nous est-il advenu? C'est ce que nous ne saurions expliquer autrement que par ces paroles qui seront comme l'épigraphe de cette Notice : « Dieu se sert parfois des plus faibles instruments pour faire ressortir davantage la valeur des œuvres destinées à la glorification de son nom et à l'édification des hommes. »

Vers la fin de l'année 1876, nous remontions la vallée du département du Gers qui finit aux pieds du plateau de Lannemezan et que baigne un des bras de la Baïse. Une nouvelle invitation et une promesse déjà ancienne nous entraînaient vers Galan. Cette petite ville, chef-lieu de canton des Hautes-Pyrénées, occupe le centre d'un pays extrêmement pittoresque et d'une plaine resserrée, à l'est et à l'ouest, entre deux lignes de coteaux boisés fuyant vers le nord comme des promontoires, et au sud par les premières assises de la chaîne de montagnes qui découpe capricieusement l'horizon. Les deux points extrêmes et les plus élevés de ce riant panorama sont le pic d'Arbizon et le pic du Midi.

Nous ne recherchions pas cependant ce jour-là les beautés naturelles semées en ces lieux sous les pas du touriste; non, nous allions simplement visiter l'hospice du Frère Jean; et la vue des douleurs ou des infirmités humaines soulagées par les soins de la fraternité chrétienne ne nous semblait pas moins intéressante que celle des *belles horreurs* de la nature. Ce dernier spectacle ne saurait dépasser en effet la limite du monde inanimé, de la matière inerte qui doit périr, tandis que l'autre, par l'action même de la charité, cette fille du Ciel, confine et touche à notre âme, qui est immortelle.

L'accueil aimable et empressé que nous reçûmes à notre arrivée de la part du Frère fondateur, entouré de ses nombreux indigents, nous toucha profondément, et nous nous souvînmes alors de ces mœurs patriarcales d'autrefois, où le père de famille aimait à partager avec ses enfants les doux soins de l'hospitalité. Le temps, hélas! est aussi passé où cette cordiale hospitalité était payée par le récit d'une attachante légende ou un chant joyeux du pèlerin ; mais nul ne nous blâmera d'essayer, par reconnaissance, de faire mieux connaître en quelques traits rapides la physionomie surtout morale du Frère Jean, sa vie jusqu'à la création définitive de l'Hospice, et l'existence providentielle de son œuvre.

Un de nos amis, le baron Louis d'Agos, connu comme dessinateur distingué et intéressant biographe, se trouvait aussi ce jour-là à Galan. Nous regrettons encore pour nos lecteurs de n'avoir pu le déterminer à écrire cette Notice ; car, selon le mot spirituel adressé à un de nos plus spirituels artistes, il a lui aussi un joli brin de plume à son pinceau.

Nous avons dit plus haut que l'œuvre du Frère Jean était providentielle. La Providence seule peut en effet avec rien faire quelque chose. Or, ce *rien* matériel compris dans le sens de puissance humaine, de moyens d'action et d'éléments de succès, le Frère Jean le représentait d'une façon absolue. Sans naissance, sans ressources, sans instruction, il eut moins que des protections.

Abadie était le nom de sa famille, qui habitait Bordes, dans le canton de Tournay. Elle était pauvre ; le travail du père, laborieux tisserand, suffisait cependant à l'entretien de sept enfants,

et la tendresse vigilante de la mère à leur première éducation. Le bonheur semblait pour longtemps assis à cet humble foyer, lorsque la mort
vint un jour frapper à sa porte et enlever
l'honnête ouvrier. Le Frère Jean n'avait alors
que onze ans; mais son cœur, prédestiné au
soulagement des douleurs humaines, comprit
bientôt, par des larmes qui n'avaient pu être
cachées à son affection, quelles étaient parfois
les angoisses de la pauvre mère de famille, et il
s'efforça de lui être utile. Ce n'est néanmoins
qu'à l'âge de vingt ans qu'apparaît le premier
grand acte d'abnégation qui jette comme une
lueur prophétique sur l'avenir du jeune Abadie.
Contrairement à ce qui se passe d'habitude dans
le cœur des jeunes conscrits, il attendait avec
impatience son tirage au sort. Il avait formé
secrètement un projet dont la Providence dut
bénir et favoriser l'exécution. Exempt par son
numéro du service militaire, il chercha immédiatement à remplacer et se vendit séance
tenante; son désir était accompli, et nous n'es-
sayerons pas de dire quelle fut sa joie le jour où
il put déposer son argent entre les mains de sa
mère, aussi surprise qu'émue. Ce prix pouvait
être celui de son sang; il disait, lui : « Ce sera le

pain de la famille pour quelque temps, et le bon Dieu ensuite y pourvoira. »

Il fut pendant cinq ans un bon soldat et un bon exemple au 67e de ligne. Dans chaque garnison, il se faisait inscrire parmi les membres de la Société de Saint-Vincent-de-Paul. Cette conduite ne devait pas tarder à avoir une éclatante récompense; sa vocation enfin donnait les premiers signes de vie.

A son retour du régiment, ni le soin des troupeaux, ni l'attrait des champs, c'est-à-dire d'une existence indépendante conforme aux mœurs du pays, ne put le séduire; l'amour de ses frères faisait seul battre son cœur, et son esprit ne rêvait qu'au bonheur de cultiver le domaine de la charité, plus vaste et plus fécond pour lui que ne pouvait l'être l'héritage paternel. Il entra comme serviteur au Petit-Séminaire de Garaison; il y soigna particulièrement les petits enfants, et il les aima à l'exemple du divin Maître. C'était, disait-il, sa nouvelle famille. Admirable chose que ce dévouement que nous verrons peu à peu grandir ! Aujourd'hui il veille sur l'enfance, demain il consolera les vieillards, un jour il encouragera les infirmes et soignera les incurables.

Après quelques années ainsi passées dans une sorte de noviciat à la vocation qui l'entraînait, le Frère Jean eut enfin la pensée de fonder un hospice ; il la communiqua à ses supérieurs, qui crurent devoir s'efforcer de l'en détourner. Cela était bien naturel, ils savaient que cet honnête garçon ne possédait ni un sou vaillant, ni la plus élémentaire connaissance pour atteindre son but ; il fut donc doucement renvoyé aux soins de son petit département. Le Frère Jean fut-il convaincu ou découragé par les raisons déterminantes de ses supérieurs et de Mgr Laurence lui-même, évêque de Tarbes, son protecteur et son parent ? Nous l'ignorons ; mais il garda le silence, et ce ne fut qu'après quelques jours de réflexion qu'il annonça son intention formelle d'aller s'agenouiller devant Pie IX, notre Saint-Père ; et, malgré les regrets de ses amis, seul, à pied, sans argent, ne sachant ni lire ni écrire, il partit pour Rome, ne se préoccupant pas des difficultés du chemin et ne suivant que son idée, comme le peuple de Dieu suivait autrefois la colonne lumineuse.

Son départ eut lieu le 1er mars 1858. Cette date a une importance toute particulière dans la vie du jeune Abadie ; nous la ferons ressortir plus tard dans un intéressant rapprochement. Lorsqu'un homme est choisi pour une grande œuvre, il l'est presque toujours aussi pour de grandes épreuves. Morales ou physiques, elles ne furent pas épargnées au Frère Jean. En traversant la Camargue, une soif ardente lui fit mendier un verre d'eau ; il fut arrêté pour cela, reconduit par la gendarmerie à Arles et emprisonné comme malfaiteur. Son retour dans cette ville sous telle escorte lui fut d'autant plus douloureux que les catholiques l'y avaient déjà favorablement accueilli, généreusement traité, et qu'ainsi ramené, ils devaient le juger un adroit coquin.

Il le comprenait et il en souffrait ; mais sa passion était bien légère à côté de celle du Christ : ça le consola. La légalité l'avait fait arrêter, la légalité voulait qu'il attendît en prison son jugement. Avouons en passant que si la légalité ne nous tue pas, c'est, comme on le dit vulgairement, que nous sommes bien durs à mourir. Depuis quatre jours, notre intéressant pèlerin expiait son verre d'eau illégalement demandé (la mendicité est interdite dans ce pays de la soif), lorsqu'un missionnaire de France, le R. P. Darbons, originaire de Tarbes, en station à Arles, apprit la mésaventure de son compatriote. Qui dit cœur de missionnaire dit cœur dévoué; il courut à la prison, reconnut le jeune Abadie, défendit et gagna sa cause auprès du procureur alors de ?.... de la justice, pour ne pas nous tromper.

Une nouvelle ovation des catholiques consola largement le prisonnier de son oraison forcée de quarante heures entre quatre murs, et, comme l'oiseau échappé à la cage, il reprit immédiatement la route de Marseille; il y arriva presque au moment où le paquebot de Civita-Vecchia allait partir. Déjà de longs jets de vapeur, expirés par les poumons de fer de l'*Isère,* se déployaient dans l'air en sombres ailes; ils préludaient au signal du départ. — Pendant ces derniers apprêts du bâtiment, le Frère Jean, qui n'avait pas un sou vaillant dans la poche pour payer sa traversée, se promenait sur le quai d'embarquement avec la quiétude d'un homme qui a donné là rendez-vous à la Providence. Elle y vint sous les traits sympathiques du président de la Société de Saint-Vincent-de-Paul de cette ville, qu'il avait connu comme membre temporaire de l'Œuvre. L'honorable M. Conne reconnut aussi l'édifiant soldat du 67e, l'interrogea, obtint gratuitement sa place (*), l'embarqua et lui souhaita bon voyage ; il était temps ! Le Frère Jean entra dans Rome trois jours après ; seulement, ni sa loyauté ni sa parfaite conscience ne pouvant lui tenir lieu de passeport, il coucha..... au poste.

Le voilà, dans la Ville-Eternelle comme ailleurs, sans connaissance et sans argent : qui le protégera, qui l'accueillera ? Mais ces questions ne doivent évidemment préoccuper que ceux qui ne croient pas assez, puisque le Frère Jean, que nous disons seul et sans abri, suit déjà aussi tranquillement une rue qui s'ouvre devant lui qu'il se promenait naguère sur le quai de Marseille. Cette rue le conduisit près du Séminaire français, où sa première rencontre fut celle d'un jeune prêtre du diocèse d'Auch. Attiré par sa physionomie bienveillante, il se confia à lui, et bientôt, installé et recommandé par les soins de son aimable et intelligent compatriote, il put espérer atteindre le but si ardemment désiré de son voyage. Le nom de M. l'abbé Gardères, actuellement directeur au Grand-Séminaire

______

(*) Le propriétaire du paquebot était M. H. Bergasse, qui a publié dernièrement les paroles que Monsieur le comte de Chambord a adressées aux ouvriers marseillais, et qui ont eu en France un si grand retentissement.   .

d'Auch, demeurera étroitement lié, nous pouvons l'affirmer, aux plus chers souvenirs du serviteur de Garaison. Après quelque temps de séjour à Rome, deux cardinaux le présentèrent à Pie IX, et il demeura longtemps seul avec le Souverain-Pontife.

Que se passa-t-il alors entre cet enfant des montagnes et le Vicaire de Jésus-Christ? C'est ce que nous ne pouvons dire; plusieurs fois interrogé par nous à ce sujet, le Frère Jean nous a toujours répondu avec cette simplicité grave qui impose le respect : « C'est mon secret, je ne l'ai pas confié à mes supérieurs, je tiens à le garder. » Seulement les faits ont parfois une voix bien éloquente, et l'hospice de Galan avec ses pauvres nombreux, son organisation et sa porte toujours ouverte à tous, nous dévoile ce qui se passa dans ce secret entretien. Nous sera-t-il permis d'avouer qu'il nous semble entendre la voix de Pie IX, disant : « Il y a dix-huit siècles, l'ignorance de la loi de Dieu était dans le monde; le Sauveur choisit des pêcheurs de Génézareth, et, par ces mots : « Allez et instruisez », il en fit des pêcheurs d'hommes. Aujourd'hui, ce n'est plus la lumière qui nous manque, c'est la charité et l'humilité; fils du tisserand, revenez vers vos montagnes, vous y aimerez et soignerez vos frères. » Oui, remontant des effets à la cause, voilà certainement le sens de ce que le Souverain-Pontife a dit au Frère Jean en le bénissant. Et cette bénédiction n'est-elle pas une solennelle consécration et une divine investiture ?

Après avoir visité Lorette, toujours à pied, le bâton du voyageur à la main, notre pèlerin revint en France gratuitement et sans accident. Mgr Laurence le reçut, à son retour à Tarbes, à bras ouverts. Sa Grandeur, sage et prudente, n'avait pas voulu encourager des projets qu'elle considérait comme absolument irréalisables; néanmoins une secrète sympathie la portait vers cette nature en apparence si déshéritée et au fond si riche, si noble et si généreuse. Elle ne pouvait s'expliquer cette subite inspiration d'aller à Rome, et, d'un autre côté, ce voyage heureusement réalisé lui rappelait involontairement la communication de l'idée de fonder un hospice.

Réinstallé à Garaison, le Frère Jean ne songea qu'à payer une dette. Il avait fait vœu, s'il revenait sain et sauf dans son pays, de bâtir une chapelle à saint Joseph. Il se mit immédiatement à l'œuvre, quêta sans relâche, fit une loterie, et, au bout de deux ans, la chapelle était terminée.

Nous voici enfin au moment où cette âme d'apôtre va subir sa dernière épreuve de soumission, uniquement sans doute pour prouver à ce monde, qu'il va bientôt parcourir en mendiant volontaire, qu'il est bien digne de suivre la trace de son parfait modèle, saint Vincent de Paul. Son vif désir de fonder un hospice était connu de tous, on savait que c'était sa seule pensée, et on ne l'en tourmentait plus. Un soir cependant, le Père Miégeville, un de ses supérieurs, lui dit pour le tenter : « Vous songez donc toujours à fonder une maison pour les pauvres ; mais avec quoi les nourrirez-vous ? Je sais que Monseigneur vous donnera l'autorisation ; mais si votre Supérieur vous la refusait, que feriez-vous (*) ? » — « Je lui obéirais », répondit simplement le Frère Jean. — « Eh bien ! reprit alors le digne missionnaire, qui savait que les âmes de Dieu se

---

(*) Si ce trait n'était historique et indispensable à l'enchaînement du récit, nous l'aurions supprimé, afin de n'avoir pas à établir le parallélisme de deux volontés supérieures qui ne peuvent être égales ; mais le lecteur n'oubliera pas que ce n'est qu'une supposition volontairement faite par le Père Miégeville pour tenter le Frère Jean, qui n'ignorait pas cependant que si le Père Peydessus était son supérieur hiérarchique, l'autorité suprême dans le diocèse appartenait seule à l'Evêque. Il aurait pu l'invoquer ; mieux valait répondre : « J'obéirais. »

reconnaissent à cette obéissance parlant en toute liberté, *vous pouvez partir et vous réussirez !* »

Le vénérable Supérieur de Garaison, ému d'une aussi grande soumission, commença à croire à la mission du Frère Jean, et l'accompagna pour lui faire obtenir une dernière et définitive autorisation auprès de Mgr l'Evêque de Tarbes.

Ici se place un trait qui indique l'honnêteté scrupuleuse du serviteur de Garaison, mais surtout, croyons-nous, les desseins de la Providence sur lui. Pour que ces desseins fussent plus manifestes en considérant la valeur de l'œuvre à laquelle il était appelé, il fallait que le Frère Jean commençât cette œuvre sans la moindre ressource, *sans une obole.* Or, il possédait cent francs, petite économie provenant de la construction de sa chapelle à saint Joseph.

A peine admis auprès de Monseigneur, il les remit à M. l'abbé Peydessus, son supérieur, en disant : « Voilà tout ce qui me reste, je n'ai plus rien. » Le vénérable doyen lui proposa de les garder ; il refusa et ajouta, après un moment de silence : « *Si vous voulez me donner quelque chose, laissez-moi seulement de quoi acheter une ânesse.* » Et elle coûta cinquante francs, cette fidèle et docile compagne qui allait rendre de si utiles services à son nouveau maître !

Mgr Laurence avait les yeux pleins de larmes à la fin de cette touchante scène, et, en voyant cet enfant de son diocèse, au moment de partir, se jeter à ses genoux, il songeait aux fils des patriarches venant demander la bénédiction paternelle avant d'aller au loin planter leur tente ; il savait que cette sainte bénédiction leur portait bonheur. Aussi, lorsque le saint Evêque prit dans ses bras le Frère Jean, son cœur de Père éprouvait quelque chose de l'immense joie de Jacob retrouvant un fils qui travaillait à nourrir un peuple.

Tel est le passé du Frère Jean ; nous indiquerons dans la seconde partie de notre travail les principaux détails de son œuvre, qui grandit et s'étend peu à peu. Ainsi la bruyère des plateaux pyrénéens conquiert lentement le sol. Elle est foulée aux pieds, les troupeaux brisent ses premières tiges, mais sa sève remonte sans cesse, et un jour sa graine éclate sous un rayon de soleil d'été, et s'en va sur l'aile du vent porter ailleurs son vert manteau à la terre dénudée !

II

Nous passerons rapidement sur le commencement de l'œuvre qui nous occupe, afin de ne pas
fatiguer nos lecteurs. Une assez grande quantité
de blé, de lin, une importante somme d'argent,
quarante-quatre hectolitres de maïs et soixante-
quatorze draps furent le fruit du premier pas-
sage du Frère Jean dans son pays. Ce résultat
dépassa ses espérances et le consola des décou-
ragements que lui prodiguaient encore ses
prudents supérieurs de Garaison; mais ces
approvisionnements étaient à emmagasiner, et
ils auraient pu causer un véritable embarras au
jeune Abadie, si Monseigneur n'avait mis à sa
disposition la maison, qui est la propriété épiscopale de Lannemezan.

L'œuvre continue, et bientôt le nouveau local
est encore trop étroit et ne peut suffire ni aux
ressources ni aux pauvres qui lui arrivent.

Il faut à l'ardeur du Frère quêteur un vaste
établissement, un hospice ouvert à tous, comme
le dévouement qui l'anime; il lui faut enfin la
réalisation de ce que d'aucuns nommaient chez
lui une douce folie. Ce jugement n'avait rien

alors que de très-naturel. Ceux qui, par leurs quotidiennes relations avec lui et leur foi ardente, pouvaient lui donner confiance, doutaient eux-mêmes de sa providentielle mission; à plus forte raison étaient-ils excusables, ceux qui ne le connaissaient pas, et dont les idées religieuses n'étaient peut-être pas même bien arrêtées. Evidemment, pour ces derniers, nous le répétons, sa conduite était une incompréhensible folie de bienfaisance.

Chez tous les peuples, avant la venue du Christ, les nobles sentiments de l'âme ont eu leurs héros et leurs martyrs, et leur but *naturel* renferme lui-même leur explication, leur mobile et leur raison d'être. Mais, ce que le monde n'avait jamais connu, c'est l'amour des misères, des infirmités humaines, l'ambition de les soigner, et la gloire d'être pour elles méprisé et calomnié en demeurant fidèle, selon la pensée d'un grand évêque, à une sainte mission. C'est à la source vivifiante qui jaillit il y a dix-huit siècles du Golgotha qu'il faut demander le secret de ces passions sublimes, contre-poids divin des basses passions de *l'homme libre!*

Nous avons lu quelque part que du sein des mers des Antilles jaillit un torrent d'eaux brûlantes que l'œil du voyageur voit bientôt créer sur l'océan immense une ligne visible qui précise son cours. Ce torrent traverse l'Atlantique et apporte jusque dans les régions polaires ou sauvages la chaleur de ses ondes et la fécondité de son rayonnement.

Nous ne saurions trouver une plus exacte comparaison de la charité. Source jaillissant du pied de la croix du Christ, comme nous venons de le dire, elle traverse, elle aussi, l'océan immense des misères de l'humanité, et son cours bleu qui reflète le Ciel va réchauffer le monde jusque dans les parages glacés du paupérisme, de l'ignorance et de l'erreur. C'est sous son action qu'allait s'élever l'Hospice de Galan.

Une vaste maison, à demi effondrée, entièrement abandonnée, mais bien située dans cette petite ville, convenait aux projets et à la bourse du Frère Jean. Après quelques pourparlers, il l'acheta à son propriétaire, et deux généreux bienfaiteurs lui remirent sept mille francs, plus que les deux tiers de la somme requise. Mis en possession, son premier soin fut d'en expulser les hiboux et les lapins qui occupaient, les uns les combles, les autres le rez-de-chaussée. Bientôt les réparations et les reconstructions transformèrent l'aspect de cet ancien édifice. Aujourd'hui les toitures et les planchers sont en grande partie refaits. Une aile nouvelle a été bâtie; divisée en cellules, elle est destinée aux femmes et est entièrement occupée; dans le corps de logis principal se superposent des dortoirs vastes et bien aérés; leur ameublement se compose de lits en fer convenablement munis de draps et de couvertures de laine, d'une chaise, d'une table et autres objets absolument personnels.

De grandes ouvertures en haut et en bas ménagent un facile accès aux galeries couvertes qui courent sur toute la façade de la maison. Un lieu spécial et séparé est affecté aux incurables; c'est là que sont soignés les idiots, les immobiles ou les vieillards inconscients de leur corps. C'est là aussi que chaque jour est mis à l'épreuve l'esprit d'immolation des Sœurs de l'Immaculée-Conception, auxquelles ils sont confiés. Elles y acquièrent la patience, ce fruit délicieux quand on le cueille mûr et dont la racine seule est amère, selon la parole d'un ancien.

Au-dessous de ce dernier dortoir existe encore l'étable des animaux utiles à l'établissement. Ce voisinage forcé, vu l'état de naissance de l'œuvre, ne nous a pas déplu; il nous a rappelé qu'il y a plus de dix-huit cents ans, l'humanité souffrante était représentée aussi par un Enfant-Dieu, né dans une crèche entre deux animaux. Depuis ce jour, le pauvre est devenu citoyen du monde catholique, comme le Souverain-Pontife en est le roi, et Pie IX, hélas! aujourd'hui l'indigent par excellence.

Un pavillon central placé à l'avant-corps partage la façade du plan général; il renferme une lingerie et une salle à manger particulière. Une jolie chapelle fraîchement décorée, une vaste cour et un magnifique jardin admirablement cultivé complètent l'ensemble des différentes dépendances de l'Hospice. Depuis quinze ans, le Frère Jean l'occupe et y fait vivre convenablement un personnel variant de quatre-vingts à cent personnes. Abeille diligente, il va chercher auprès des âmes généreuses le butin qui sera pour ses pauvres le pain de chaque jour. Ouverte à tous et toujours, nous aimerions à écrire sur le frontispice de la porte d'entrée de sa maison ces mots, parodie d'un vers célèbre :

« Vous qui passez ici, reprenez l'espérance ! »

Aussi les pauvres augmentent, et plus que

jamais le Frère Jean doit mendier; mais, selon la parole du prophète à celui qui espère, « il court sans se fatiguer, et marche sans se lasser jamais ». L'œuvre du Frère fondateur mérite non-seulement la respectueuse sympathie des chrétiens et des philanthropes, mais encore elle a droit à leur généreux concours, parce qu'elle intéresse, abstraction faite de son côté moral, les familles, les communes et l'Etat.

III

La populaire application de nos grandes
découvertes, concourant au développement des
idées modernes, devait modifier nécessairement
nos habitudes et nos mœurs. Malheureuse-
ment cette modification a été trop rapide, car
ses avantages ne pouvaient immédiatement
compenser ses dangers. Plus on ouvre ses
frontières, plus on doit fortifier ce qui les
défend. Il n'en a pas été ainsi, et la famille a été
la première à ressentir les funestes effets de
l'invasion. Le luxe énervant, l'individualisme
égoïste, le mariage industriel basé sur une
solide *raison sociale,* comme les maisons de
commerce, ont remplacé le tranquille bien-être
du foyer domestique, la communauté d'intérêts
et de sentiments, l'union indissoluble.

Au milieu de ce mouvement nouveau, le
vieillard demeure abandonné, parce que l'action
des forces ne se fait plus de la circonférence au
centre, comme dans les lois physiques d'agréga-
tion, qui sont un symbolisme des lois morales,
mais dans un sens opposé. A peine nubile,
l'enfant, poussé par ses instincts personnels

vers un gain d'où sortira sa jouissance, abandonne sans regret ceux qui ont souffert pour le nourrir et l'élever. Dans ce cruel et injuste abandon, que deviendront les vieux parents, courbés par l'âge et parfois brisés par les infirmités? Chacun ne le sait que trop.

Sera-ce les communes qui viendront à leur aide, aux termes mêmes de leurs obligations municipales? Comme les particuliers, un courant de dépenses nouvelles les emporte : ici un chemin, là une maison d'école, ailleurs une mairie, etc., absorbent leurs revenus. Partout existe le souci de restaurer les vieux édifices et non les vieilles gens, plus près cependant du cœur de Dieu. En somme, elles sont sans ressources pour secourir la pauvreté.

Quant aux hôpitaux de l'Etat, leurs allocations sont encore insuffisantes; une foule d'obstacles franchissables en théorie, mais très-peu en pratique, en défendent l'entrée, et le postulant a le temps d'être vingt fois porté en terre avant d'obtenir sa définitive admission.

Quatrièmement, enfin, les abus et les exploitations par les apparences publiques de la pauvreté ont fait interdire la mendicité.

L'indigent se trouvait donc ainsi placé entre

des portes fermées, une loi sévère et... la faim.
C'était le commencement d'une hideuse plaie
sociale qui pouvait engendrer chez nous le
paupérisme, si une maternelle inspiration de
la religion catholique n'avait apporté comme
remède et le dévouement et la royale fortune de
la charité. Des associations spéciales, des hos-
pices, des refuges, des asiles ont été volontairement et généreusement fondés de toutes parts;
ils ont rendu au vieillard délaissé une communauté, image de la famille, des affections qui
avertissent et consolent, des *frères* et des *sœurs,*
en un mot des ressources égales à ses besoins.
Germination admirable dont les fruits couvrent
la France; puits d'abondance où vient se désal-
térer l'humanité voyageuse! La pauvreté était
déconsidérée, elle ne pouvait être réhabilitée que
par elle-même, soumise à la suprême loi de
l'expiation, comme l'homme déchu ne pouvait
être racheté que par l'Homme-Dieu. C'est ce
qui dessine encore à nos yeux la providentielle
mission de ce mendiant volontaire et résigné
que nous avons nommé le Frère Jean.

Après les consolants exemples de François
de Sales et de Vincent de Paul, venant chacun
victorieusement combattre à son époque le mal

différent qui rongeait alors la société, nous ai-
mons voir les ordres mendiants prêcher aujour-
d'hui par leurs actes le dévouement, l'obéissance
et la résignation, qui sont dans la divine loi de la
réparation le contre-poids admirable à l'orgueil
et aux abus de liberté de notre temps, ainsi
qu'une preuve certaine, pour ceux qui étudient
l'histoire de notre patrie, de l'intervention visible
de la Providence.

Mgr Pie disait à ce sujet aux pèlerins de
Lourdes, le 3 juillet 1876 : « Dieu donne, quand
il le veut, les remèdes nécessaires au mal; il
oppose la chaleur à la glace, la force à l'inertie,
la lumière aux ténèbres; et n'est-ce pas pour
notre époque qu'ont été dites les paroles du
prophète Joël : « *Vos fils et vos filles prophétiseront*
» *et auront des visions!* » Et, ajoutait le saint
Prélat, si vous refusez de croire aux prophètes,
il saura par des prodiges vous forcer à croire au
langage et à la mission d'une pauvre fille. »

Ce que l'Evêque de Poitiers disait avec l'éclat
de l'éloquence et l'autorité d'un pontife, nous ne
pouvons l'appliquer entièrement au Frère Jean ;
mais nous ne pouvons pas non plus ne pas faire
remarquer que c'est dans les premiers mois de
l'année 1858, c'est-à-dire à la même époque, que

ces deux enfants pauvres des Hautes-Pyrénées étaient *appelés :* l'un écoutait la voix extérieure d'une radieuse apparition, l'autre obéissait à un appel intérieur bien surprenant, mais cependant plus humainement explicable ; et, tandis que la jeune fille ravie s'en allait vers le rocher de Massabielle, le jeune homme était entrainé par une irrésistible vocation vers celui de Saint-Pierre. Nous ne voulons pas, nous le répétons, comparer entre elles deux choses incomparables : l'une est la montagne devenue un des sommets du monde catholique, l'autre est le grain de sable encore peu connu. Mais n'est-il pas vrai de dire que la Providence peut, à son gré et au même moment, faire sortir du néant et le grain de sable et la montagne, les faisant, quoique inégalement, concourir à l'harmonie du plan des choses surnaturelles? D'un côté apparaît le soin des âmes par la foi et l'espérance, de l'autre celui des corps particulièrement confiés à la charité. Action double et une à la fois du cœur de la Mère de Dieu, prisme admirable divisant en deux foyers bien inégaux, mais tous les deux ardents, le rayon de la miséricorde infinie tombé il y a bientôt vingt ans sur cette bienheureuse contrée!

Bien des âmes élevées se trouvaient certainement alors dans la sphère d'activité du fluide
divin, si nous pouvons parler ainsi, et ont été
attirées et entraînées par son courant. Nous
avons vu les volontés les plus opposées doucement ramenées à leur insu et finalement réunies
pour l'accomplissement de ces œuvres que nous
croyons surhumaines. Nous n'en citerons qu'un
exemple, qui rentre dans notre sujet. Le vénérable Supérieur de Garaison, le Père Peydessus,
dont la vie n'est qu'un long acte de vertu et de
dévouement, était opposé aux projets du Frère
Jean, et, les croyant irréalisables, il fonda en
dehors de ces projets un ordre de Sœurs destiné
aux soins des pauvres. Or, peu de temps après
leur fondation, ces bonnes Sœurs étaient établies
par leur Supérieur même à l'Hospice de Galan,
sous le nom de Sœurs de l'*Immaculée-Conception*.
Ne forment-elles pas avec les Missionnaires de
Garaison, si dignes gardiens de la chapelle de
Lourdes, le tangible trait d'union qui confirme
notre pensée sur la chaîne mystérieuse qui
rattache Garaison et Galan à *Notre-Dame de la
Montagne?*

En visitant l'œuvre du Frère Jean, nous avons
constaté que beaucoup était fait, mais nous

devons ajouter que beaucoup encore reste à faire. Les dons reçus ont servi à créer, à restaurer; mais aucun fonds de réserve n'a pu être constitué pour l'avenir. Aussi avons-nous plus d'une fois surpris des larmes dans les yeux du Père nourricier. Il est vrai que sa confiance en Dieu ne tardait pas à les sécher. Il nous disait dernièrement : « Ceux qui me connaissent ne me refuseront pas le pain de mes pauvres, qui sont aussi les leurs ! » Ces paroles nous rappellent celles de saint Vincent de Paul cherchant à réchauffer le zèle des âmes dévouées à son œuvre admirable des Enfants trouvés : « *Leur vie et leur mort sont entre vos mains. Ils vivront si vous continuez à prendre soin d'eux, et au contraire ils périront si vous les abandonnez.* » Cet appel au dévouement et à la charité, le Frère Jean, après plus de deux siècles, le renouvelle et l'adresse à ceux qui ont déjà secouru, nourri et consolé ses pauvres. Et ils ne voudront pas, selon encore le grand apôtre, « cesser d'être leurs pères pour devenir leurs juges ».

Les départements que visite ordinairement le vénérable fondateur sont les Hautes-Pyrénées, le Gers, la Haute-Garonne, les Basses-Pyrénées, les Landes et la Gironde. Trois autres Frères quêteurs, également infatigables et dévoués, portant le même costume religieux, viennent à son aide et parcourent le pays qui leur est attribué par le Supérieur, en disant : « Pour les pauvres de Galan, s'il vous plaît! »

Le service religieux de l'Hospice est fait, le jour des grandes fêtes par les Missionnaires de Garaison, le dimanche et dans la semaine par M. le curé de Galan ou son vicaire; en bon pasteur, il prodigue ses soins à ces ouailles et est heureux de les voir augmenter son troupeau.

M. Piques, docteur-médecin, visite régulièrement et *gratuitement* l'établissement; nous ne pouvons louer comme il le mérite un aussi rare dévouement, mais nous sommes heureux de le signaler en lui rendant un public témoignage.

Une sympathique faveur n'a pas tardé à accueillir l'œuvre éminemment catholique et sociale du Frère Jean. De précieux témoignages d'encouragement lui ont été adressés et sont annexés, comme pièces justificatives, à la fin de cette Notice.

Le Conseil général des Hautes-Pyrénées lui a attribué un secours, sur la proposition de M. Castex, l'honorable conseiller du canton de Galan, auquel la reconnaissance des malheureux est acquise comme la considération de tous les hommes de bien.

L'Académie elle-même a couronné par un précieux hommage la bienfaisance du vénérable Frère fondateur. Nous extrayons de l'intéressant Rapport de M. de Vielcastel les passages suivants :

« Si l'Académie avait eu à décerner un troisième prix de la même valeur, elle en eût disposé en faveur d'un homme dont la bienfaisance s'est manifestée par des actes non moins utiles, non moins dignes d'estime et de respect, mais à qui elle ne peut accorder que le prix de mille francs fondé par M. Souriau.

. . . .

» Le succès de cet établissement, le bruit qui s'en est répandu dans toute la contrée ne pouvaient manquer de lui attirer des protecteurs. Les encouragements, les conseils, les aumônes affluaient à Galan. Les évêques, les préfets qui se sont succédé à Tarbes ont constamment accordé au Frère Jean une extrême bienveillance, et lui ont fait une part aussi grande que possible dans la distribution des secours dont ils pouvaient disposer. Les administrations de chemins de fer lui ont accordé le bénéfice de la demi-gratuité, tant pour lui-même que pour le transport de ses collectes, de Bordeaux aux Pyrénées, de l'Océan à Toulouse. Tous les grands centres de cette vaste région ont reçu sa visite, et partout on lui disait : « A revoir, l'année prochaine! » Enfin, par un décret du 15 janvier 1875, le gouvernement a reconnu l'Asile des vieillards, sous le nom de communauté hospitalière, comme un établissement d'utilité publique. L'Académie est heureuse de s'associer à ce concert d'approbation. »

A la manifestation religieuse des 2 et 3 juillet 1876, un grand nombre de nos Evêques réunis à la maison épiscopale de Lourdes, où se trouvait le Frère Jean, redevenu pour cette circonstance le serviteur de Garaison, lui adressèrent de sympathiques encouragements, et Mgr le Nonce apostolique lui donna avant son départ, à la Grotte, sa sainte bénédiction.

Enfin, une lettre ci-jointe de Mgr Jourdan, évêque de Tarbes, fait connaître ses sentiments personnels pour l'œuvre et le fondateur de l'Hospice de Galan. Nous ne nous permettrons pas de faire l'éloge de Sa Grandeur ; nous dirons seulement qu'elle a eu l'insigne honneur d'être choisie par les fureurs révolutionnaires de la

Commune pour faire partie des otages, et si le saint Evêque ne figure pas aujourd'hui parmi les martyrs de la rue Haxo, c'est que Dieu le réservait aux œuvres providentielles des Hautes-Pyrénées et à la protection de l'institution de Galan, que nous nommerons le volontariat perpétuel de la charité.

Dieu veuille que nous ayons pu convaincre nos lecteurs, afin que nul ne refuse son obole à l'œuvre du Frère Jean. Son établissement, comme tous ceux qui lui ressemblent, doit prendre dans nos aumônes la place du pauvre qui ne vient plus à notre porte. Si nos mœurs et nos lois modernes ont modifié l'application de la charité, du moins son principe demeure invariable. Donnons donc à l'Hospice de Galan. Prenons-y un vieillard, un demi-vieillard, un quart de vieillard, si nous pouvons parler ainsi, comme d'autres, selon leurs ressources, allument devant la Vierge miraculeuse un grand ou un petit cierge. Et nous obéirons non-seulement au divin précepte, mais nous ferons pardonner à la richesse, au luxe même, à côté duquel existent la misère, la souffrance et parfois la faim !

Le pressentiment d'une fin prochaine obsède déjà l'âme du Frère Jean ; donnons donc sans retard et donnons sans mesure, afin d'assurer aux pauvres et aux infirmes de l'Hospice de Galan le pain que bientôt peut-être n'ira plus chercher pour eux le vénérable fondateur. Du moins mourra-t-il sans regret, nous pouvons le dire, si la charité vient encore à son aide, et apporte par ses dons généreux la certitude d'un heureux avenir à l'œuvre de sa vie.

César-Victor JOURDAN

PAR LA MISÉRICORDE DIVINE ET LA GRACE DU SAINT-SIÉGE
APOSTOLIQUE ÉVÊQUE DE TARBES

Nous déclarons que le Frère Jean-Marie Abadie, mieux connu sous le nom de Frère Jean, est le fondateur à Galan d'un Asile où sont reçus les vieillards dépourvus de toutes ressources et les infirmes incurables. A l'heure présente, le Frère Jean pourvoit dans son établissement aux besoins d'une centaine de vieillards. Il s'agit donc ici d'une œuvre éminemment sympathique à tous les cœurs chrétiens. Aussi croyons-nous devoir lui accorder tous les encouragements dont nous sommes capables, moins pour la recommander aux fidèles que pour la leur faire connaître.

Tarbes, le 16 février 1876.

C. V., *évêque de Tarbes.*

LETTRE DE M. LE PRÉFET DES HAUTES-PYRÉNÉES

Le Préfet des Hautes-Pyrénées, chevalier de la Légion d'honneur, est heureux de joindre son témoignage à celui de Mgr l'Evêque de Tarbes en faveur du Frère Jean, fondateur de l'Hospice de

Galan ; dans une de ses dernières sessions, le Conseil général a reconnu l'utilité de cet établissement charitable.

Le 16 février 1876.

LETTRE DE M. CASTEX

MAIRE DE GALAN

Le Maire de Galan, soussigné, qui est en mesure d'apprécier tous les jours les services immenses rendus à l'Hospice de cette ville par le Frère Jean, ne peut que s'associer au patronage si puissant et si élevé que Mgr l'Evèque de Tarbes et M. le Préfet des Hautes-Pyrénées accordent au Frère Jean.

AUCH. — IMPRIMERIE AUSCITAINE, A. THIBAULT.

9 782329 159249